이 강물 끝에서
만나자 하였네

한그루
시선

이 강물 끝에서 만나자 하였네

이명혜 시집

차례

제1부

이 강물 끝에서
만나자
하였네

11　풍혈
12　네 마리 고양이
14　낯설게 하기야 아니 백설기 하기지
16　수묵의 여자
18　삼면경 화장대 이야기
20　사우다드
22　상선약수
24　경배, 카데바
26　벚꽃, 그 후
27　마샬라 타임
29　파키스탄 칼라시족은
　　나이를 세지 않는다
32　아르누보 양식처럼
34　앗, 나의 안녕들
35　그 여자의 눈물에 단풍이 지다
37　새벽숲

제2부

우리는
서로에게
선물이었다

41 내 시는 고소공포증이 있다

43 마이너스 윤초

45 광안리는 11월쯤 가는 게 좋다

47 꿈꾸는 오래된 미래

50 꿈꾸는 더 오래된 미래

53 경력 단절

54 눈부신 정오

55 진화형 그리움

57 구경하는 집

58 지독하게 짧은 시

61 묵은 연서를 다시

63 헤밍웨이에게 아침을

64 잘못된 예보

66 내면 성형

67 나는 날마다 슬프다

제3부

망설이며
주춤하며
또 흔들리는

71 바위꽃
72 미스김라일락 동쪽으로 간 까닭은
74 앰뷸런스
75 물의 관념
76 비양도
77 가지 하나가
78 무화과
79 다산초당
80 여수기행
82 서귀포에는 고운 사람들이 산다
83 가을, 물들이다
84 어떤 생략
85 상사화
86 뭐 어쨌든 찰라
88 이 하루

제4부

얼마나
가슴 뜨거운
세상이었던가

91	누구나 그렇다
92	봄, 도발하다
94	폼페이, 옹기종기
96	어미 말의 이력
97	다시, 제로(0)
99	손가락 사랑
101	은퇴한 휴일
102	예순의 봄
103	묵호에서
105	인간 극장
107	바람, 타는 우울
109	달빛 때문에
111	가위눌리다
112	빈집
113	처럼

제5부

자기 몫의 삶
빗금치고 있는

117	미늘 1
118	미늘 2
119	어머니는
120	아버지는
121	어머니의 마당
123	달빛 위로
124	수면 무호흡증
126	선물
127	각륜(角輪)
128	너, 꿈꾸게 하는
130	당신이 들어주지 않으면
131	파랑새
132	가을 편지
134	백일홍 연가
136	은은

작가노트   137   이 시집은 나에게 주는 선물이다.

제1부

**이 강물 끝에서
만나자 하였네**

풍혈

날것의 파미르 고원 하나 가슴에 품었다
천년을 은둔했던 심장
머언 전생에서부터 온 소식처럼 아득하게 아득하게
손잡아 이끄는 신내림 따라 길을 나섰다
영원으로 덮인 설원을 달려
황홀한 눈물로 만든 호수와 모래 언덕을 지나고
어디서 끝날지 모르는 발자국 찍으며
달리고 또 달려 어느 여름 하루
마침내 숨이 막혀 생명줄 놓아야 할 때쯤
파미르 그 바람 곶자왈 숨구멍으로 솟아났다

어찌하라고 이제 와서 어찌하라고
숨겨두었던 그 먼 그리움 다 쏟아내고
원시의 퍼런 해탈 웅크리고 앉아 있을까

네 마리 고양이*

어느 허름한 건물 벽 네 마리 고양이 살고 있다
벌써 백년이 지난 이야기다
네 마리 고양이를 날마다 만나는 남자가 있었다
어느 날 고양이 수염이 자라 나무가 되었는데 알고 보니
화가가 된 이 사람의 마법 때문이었다
그 나무엔 그림이 주렁주렁 달려
그림 하나씩 따서 팔기만 하면 먹고살 걱정은 없다고
느긋한 봄날
고양이 수염 봄 나무에서 꽃이 피었다
꽃그림도 좋아요 꽃의 농간은 특히 봄꽃을 반기지요
봄기운에 달뜬 네 마리 고양이 슬슬 골목을 벗어나고 싶었다
그러자 화가도 네 마리 고양이가 싫어졌다
화가는 길을 떠났고 네 마리 고양이는 다른 사람들과 어울리며 오랜 시간을 보냈다
텅 빈 골목엔 남자를 기다리는 꽃잎들만 입체파로

피고 지고 피고 지고

  고양이 수염에서 자란 나무는 이제 그림이 열리지 않았다

  이렇게 이야기가 끝이 나는 것이 바로 봄의 나무에서 핀 꽃의 농간이었다는 걸

  아주 오랜 후에서야, 화가가 죽고 나서야 알게 되었다

  그 후론 화가를 추모하는 사람들만이 찾아와

  네 마리 고양이 나무에 물을 주고 꽃이 피기를, 열매가 맺기를

  아니 그림이 달리기를 기다리고 있다

  지금도 네 마리 고양이는 오래된 건물 벽에 쓸쓸하게 매달려 있다

*   피카소 단골 카페 - 4캣즈(아비뇽거리).

낯설게 하기야 아니 백설기 하기지

읍내 시니어 문화 강좌
시 쓰기 교실
꽤나 유명한 노시인 안경을 고정시키며
시는 낯설게 하기입니다
들어 보셨습니까

바쁜 밭일 종아리에 반을 접고 오신
육칠십 대 여사님 두 분 서둘러 앉으며
뭐라고 하셨지
시는 낯설게 하기래잖아
설마, 잘못 들었겠지
낯설게 하기가 아니고 백설기 하기겠지

시는 하얀 쌀가루처럼 깨끗하고 순수하니
백설기 하기라고
낯설게 하기라던 분 눈 깜빡이다가
천천히 고개 끄덕인다
그래 맞아 시는 백설기 하기야

그게 쉽지 않거든
낯설게 하기야 누워서 떡 먹기지

숨소리 섞은 귓속말 백설기 하얀 미소
한 켜 한 켜 살아온 이력서로 쌓으며
시가 폭폭 익어간다

수묵의 여자

그 강물 끝에서 만나자 하였네
경계에 선 열정의 밀도가 궁금하다
무엇을 위한 흐름이었을까
밀지도 밀리지도 않으련다
나는

길섶에 선 당신
징검다리 놓고 사랑할 때
빛 고운 여자
오늘도 길을 걷는다
등성이 너머 곱게 채색된 기억들 묻어놓고
굽이굽이 굴곡진 뒤안길
아프다 한마디 오직 뒷모습으로 흘렀다

어느 가을날 해넘이처럼
사랑은 지고
텅 비어버린 겨울 정원
수묵의 채도로 가득 채운 하루

그토록 치열했던 시절
오장육부 모두 당신으로 녹아버린
몸뚱이 비척비척 흔들리는 오늘

꽃의 계절 열매의 계절이 지나
희로애락 욕망도 가라앉힌
이 강물 끝에서 만나자 하였네

이 강물 끝에서 만나자 하였네

삼면경 화장대 이야기

보름달 하나씩 가슴에 달고 명절 때 모여 앉아 깔깔대던 둥둥 뜬 어린 시절 멀고 가까운 친척 여자아이들 지금 어디선가 그 보름달로 살고 있기를… 명절 떡반 속 내 몫의 손가락만 한 생선 욕심내 먹다 목에 걸린 가시로 컥컥거리던 것까지 쑥 내려가게 만든 웃음밸탁 내용은 무엇이었을까? 구르는 웃음소리 나무라던 할아버지 눈살 사이에 끼어 옴짝대는 한낮 못 온다더니 명절 당일 서둘러 내려온 오빠의 귀향 그리 좋았던 어머니 안 먹어도 배부르다던 노래 아직도 귀에 생생한 저녁노을 고운 시간 추석빔처럼 머리맡에서 맴도는 다시 못 볼 그 장면들

그때 내겐 작은 삼면경 화장대가 있었어 지금 여든이 넘은 큰언니가 썼던 한쪽 귀퉁이 녹이 슨 깡동 자른 명절 단발 투덜대며 다가가 바라보면 옆모습도 뒷모습도 통째로 나를 뜯어보게 해주며 보이지 않는 모습 더 중요하다 속삭이던 작은 서랍 앙증맞은 자개장식 아직도 눈에 선한 내 추억 저장고 세 개의 서랍 속

엔 옷 갈아입히기 종이가 수북 쌓였었고 어느 언니가 쓰다 버린 어른 냄새 풍기는 립스틱 알프스 소녀 하이디와 소꿉놀이할 때 쓰던 두툼한 종이 계단도 소중했다 언젠가 꼭 다시 써야지 다짐하며 간직했던 나는 아직도 하이디가 그리운 나이

 맥주 마시고 싶은데 체중계는 여전히 61킬로 50킬로 대 진입이 너무 어려워 맥주는 못 마셔 모임에 오자마자 퍼질러 앉아 궁시렁대는 그녀에게 체중계가 필요하다면 나는 돌아갈 수 없는 50대 모습도 붙임머리 풍성한 수국꽃으로 비춰줄 61살 삼면경 화장대가 필요한 나이 그 거울엔 눈도 동그랗고 얼굴도 동그란 어린 시절 들어있을 것 같아 지금의 내 삶에선 또 어떤 이야기들 서랍 속으로 스며들고 있을까 삼면경 화장대는 나도 모르는 내 삶의 조각들 다 비춰줄 것 같아 3D프린터는 해주지 못하는 말랑말랑 오감만족 서랍 속 내 인생 꺼내보고 싶은

사우다드*

그 눈빛 따라 가다 길을 잃었다
허우적거리던 스무 살
심연에 빠진 채 터덜터덜 걸었다
누군가를 원망해야 해서 바다만 실컷 미워했다
바다 속으로 속으로만 울어
속살 푸르게 멍들어버린 것도 이 때문이다

바다 위의 삶 출렁인다 망망대해 아득한
눈동자에 파도 가득 차오르면
거슬러 돌아가는 법 배우지 못한 바람배
숨이 차도록 날개를 저어 날아야 했다
분풀이하듯 내동댕이친 마흔 살
부서진 몸뚱이 동그랗게 말고 앉아 쿨렁쿨렁 울었다

창자 끝 휘돌아 나오는 가락
남은 생을 위한 위로 더는 미루면 안 될 것 같아
온몸으로 내뿜어 화해한 새벽은 투명했다

분명 마주 보고 있는 너를 뚫고
허공 중에 매달린 눈빛 아직도 따라가는 예순 살
길 잃은 사람들 아무 말 없이 바다를 그렸다

* '도달할 수 없는 것에 대한 그리움'이라는 포르투갈어. 인간 욕망의 본성, 깊은 향수나 그리움을 표현하는 단어.

상선약수

바라나시 갠지스강에 오래된 자궁 담그다
차가워진 강물
씻으면 윤회 끊긴다기에

한 모금 물 입 속에서
새가 되려 파닥거린다

부드러운 날갯짓 점점
온몸 뒤흔드는 싹쓸바람
드디어 새가 되었다

강물이었다 한 모금 물이었다가
나를 마음대로 휘적이다
이젠 세상 그리며 날고 있다

그 가냘픈 투명
이토록 파닥거리는 활력으로
모든 목숨 위 줄무늬 아롱지는

보이는 대로

보이지 않는 대로

히말라야 내 몸 속 흐르고 있다

경배, 카데바

얼마 전 나는 죽었습니다
신문 부고란에는 나오지 않을 이름
가을 낙엽처럼 이리 치이고 저리 치이며 나뒹굴다
가뭇없이 세상에서 사라졌지요

죽음이 끝이 아닌 게 또 하나의 슬픔이지만
나는 더 이상 감정이 없어야 하니 안심하세요
어느 해부학 실험실의 딱딱한 냉동물체
살아서도 죽어서도 차가운 세상
하나의 대상일 뿐 주체는 아니랍니다

누구 하나 눈여겨봐주지 않았던 몸뚱이
지금 가장 빛나는 순간이라
나도 한 번은 쓸모 있었다 말하고 싶어
뼈마디 움틀움틀 웃어봅니다만
나의 궁핍이 쏟아낸 해부학 오류가 걱정입니다
가난은 몸에도 고스란히 새겨진다네요

많은 눈들이 반짝이며 나를 들여다보는데
내가 살아온 모든 것 들통나는 것 같아
심장이 오그라드는 것 같았습니다
숨기고 싶었던 몇몇 순간들 스치고 지나며
나에게 한마디 합니다
그러니까 좀 잘 살지, 왜 그랬어

갈가리 찢기는 마음처럼 내 몸 조각조각 나누어져
이젠 형체도 알아볼 수 없지만
유체 이탈한 내가 둥둥 뜬 채
모르는 사람들의 무심한 경배를 받고 있네요
허전하면서도 뿌듯한 뒷모습 남기고
이제 총총 사라져야 할 시간입니다

한번도 동의해보지 않은 아름다운 세상
멀리서 보니 이제야 그럴듯하다는 것까지 남겨놓으며

벚꽃, 그 후

꽃이 너무 고와
바람날 수밖에 없었다

브래지어 속엔
말캉한 꽃잎 소복이 숨겨 놓았단다

절정 후 붉어진 뺨
숨기지 못한 벌건 한낮

누이 더는 부끄러워
옷을 벗지 않았다고

마샬라 타임

나에게 손 내밀어본다

피어나는 꽃
지는 꽃 그리고
꽃이 되고 싶은 풀 사이에 앉아

아무도 용서할 수 없는
나를 슬그머니 용서하고 있다

태(胎)에 새겨진 운명길 따라
뒤뚱거리던 우리들의 일상

향신료 뒤섞인 커리처럼
밋밋한 내 삶에 양념을 하고
영화 중간에 모두 일어서
떼창을 부르며 춤추는 희 로 애 락

신이 원하는 대로 살았던 그대

잠시 하던 일 놓고
서로 손을 잡고 춤을 추어라
마음이 원하는 대로 바람 되어라

죽어야 끝이 나는 러닝 타임
웅크리고 앉은 지루한 뼈마디 같은 삶
온몸으로 아우성치는 별똥별 되어
저마다 화려했던 자기 몸 폭로한다
지금과는 다른 배역 캐스팅되길 기도하며

나도 조금 다른 인생에 손 내밀어본다

파키스탄 칼라시족은 나이를 세지 않는다

   한 사람이 이 세상을 다녀갔다
   화려한 의상을 입은 마을 사람들 무거운 발걸음으로 다가와 넋을 기리고
   언제 그랬냐는 듯 활짝 웃으며 강강술래 동그랗게 춤춘다
   망자는 술래가 된 듯 한가운데 어디쯤 앉아있겠지
   파묻지 않아 훤히 보이는 묘지 뚜껑이 없는 관에선 풀꽃이 피었다
   군데군데 보이는 모자이크 처리한 하얀 주검들
   죽음이 있기에 삶이 더 찬란하고 아름답다는 걸
   하늘가 뭉게구름 덧없이 흘러가는 것으로 말한다

   무심하게 앉아있는 늙은 어머니와 중년의 보름달 같은 딸 서로를 바라보며 우리가 언제부터 같이 살았더라 열심히 생각을 나누다 결국 우리는 나이를 세지 않아요 하며 웃는다 언제부터 같이 살았나요 라는 질문이 처음인 듯 지금 이 순간 너와 내가 함께하는 게 자연이다 꽃이 피고 열매가 맺고 그 열매가 지면 다

시 새로운 꽃이 피듯 어느 날 어머니가 이 자리에 없
는 대신 어머니가 된 딸과 그 딸이 낳은 아이가 이어
갈 시간들이 기다리고 있을 뿐 하루가 열리는 새벽을
나누고 노을이 지고 눈이 내리는 걸 함께 맞이하는
것 아파하는 모습 지켜봐주고 기쁨도 같이 누릴 수
있다면 오직 그것으로 충분한 이 한 생이란다

  가운데 화덕을 두고
  돌아가며 낡고 소박한 침대 하나씩
  벽 한 면 필요한 일상용품 나란히 정리하면 더 이
상은 필요없다
  대신 돌과 나무만으로 지어진 전통가옥 지붕으로
욕심껏
  신이 내린 절경을 끌어안으려 발버둥친 흔적, 테라
스에는
  마을 장례식 때마다 염소 한 마리씩 기부할 수 있
어 좋은
  누가 봐도 인정할 수밖에 없는 목동의 선한 미소

따뜻한 짜이 한 잔과 호두 몇 알 겨울 햇살 꽃으로
앉았다

양지쪽 편안히 누운 염소
사람 대신 뿔에 스물일곱 나이테를 새겼다
파키스탄 칼라시족은 그래서 나이를 세지 않나 보다

아르누보 양식처럼

디테일은 있지만
과하게 드러내지 않은
어느 날 문득 다가온
사랑은 아르누보 양식처럼

굽이치는 밀어
흐르는 물결 따라 떠나갈 듯
그 물결 따라 다시 돌아올 듯
지나치는 시선 덩어리 홀쩍
주워들고 잠시 눈맞춤

세상엔 연결되지 않은 것이 없다
      한여름
  덩이 식물 같은 그리움 아침마다 나들이 가듯
    손
    내밀어 하루를 잇고 계절을 이어
      영원으로 향하는
        달음박질

바람
　　　구름 물결치는 바닷물 결국은
　　　　　빙빙 도는 것 보이지 않게 흐르는 마음의
　　　　　　　　　　움직임도
사람은 없지만
　　　　사랑은 고스란히 남는 이별도 탄생에서
　　　　죽음까지 진행되는
　　　　　　　인생곡선도

그렇지만 급할 필요는 없어
완만한 유선형으로 이어지다
가끔은 눈부신 섬세함으로 새겨지는 기도
나도 너에게 새겨질 테야
사후에 발견되는 애장품처럼

앗, 나의 안녕들

아무 말도 쓰지 못해서
봉투에 가을비 담아 보낸다
당신 떠나간 곳 모르는 이 편지
수취인 불명으로 아마
다음 가을쯤 돌아오겠지

마음 어디 머무를지 몰라
발송자 주소도 적지 않았기에
돌아온 편지 갈 곳 없어
퇴색한 낙엽 부평초 되어
여기저기 나를 찾아 헤맬 게다

해마다 그렇게 보낼 가을비
오늘 또 내리고 있다
쓸려 떨어지는 건 낙엽이다
낙엽 아니고 나의 안부다
쓰지 못해서 쓸 수 없어서

그 여자의 눈물에 단풍이 지다
- 천아계곡 단풍

아무도 없는 그곳
여자의 눈물 계곡 따라 흐르는
여름 내내
가만히 앉아 바라보고 있으면
덩달아 눈물이 난다
참 많이도 울었다 끝이 없이 울었다
나무 아무 말 없이 지켜보는
그곳에 가면
눈물 눈물로 위로받을 수 있었다

여자는 보이지 않고
어디에도 없다
언제부터 시작되었는지 모른
눈물이 마를 즈음
여자는 붉은 치마 사알짝
걷어올리는 걸음걸이로 나타나
조곤조곤 바다를 연모한
철없던 시절을 이야기한다

울음 뒤 긴 흐느낌

웅덩이에 고인 새벽

침묵했던 나무 온몸으로 위로한다

하염없이 하염없이 하염없이

눈 뗄 수 없는 이 화려한 조락에 겨워

이젠 사랑하지 않아도 좋으리

식어버린 심장에게도

눈 감으면 다시 다가와

다짐받는 것처럼 포올 폴

새벽숲

먼 곳 오시는 당신

어디쯤에서
무너져 망설이는 걸까
아직은 어두컴컴한
속내 드러내지 않아 무뚝뚝한 안내도 따라
흐느끼는 새벽숲으로 가자

외면할수록 더 깊숙이 파고드는
가을바람에 베인 그리움 이제야
이별을 말할 수 있는 당신
새벽숲에서 만나자 흐느끼는
그 숲에서 새로 시작하자

이젠 아무렇지도 않다
저기 걸어 들어오는 텅 빈 시간에도
눈물 흘리지 않을 수 있다
가을이 깊어 우수수

지난 이야기 벗는다 해도

이젠 정말 아무렇지도 않다
아무렇지도 않다

제2부

우리는 서로에게 선물이었다

내 시는 고소공포증이 있다

네잎클로버 말라버린 기억 속
가쁜 숨 쉬는
시에도 영양제가 필요한 세상

절창으로 박힌 문장 뿌옇게 번져
루테인 지아잔틴 잔뜩 삼킨 시력 덕분에
난독중 이해불가 인생 겨우 살아내고 있던
119쪽 시 링거를 꽂은 채 누워있다

즐거운 케이블카 흔들다리 전망 좋은 객실
누군가에겐 오지랖으로 견디는 공간
일상 덧칠하는 쫄깃한 스크래치로 다가온 여정
어느 날의 여행은 무가내하였다

얼마나 추락해야 눈물 떨어지기 전 안착할 수 있나
완강기에 기댄 기도
몸뚱이 땅에 닿을 때
아주 작은 꽃송이 하나 뭉개지 않는 날갯짓이길

까마득한 깊이 동반하고
날아다니는 오늘

-우리는 서로에게 선물이었다-

마이너스 윤초

광기 가득한 봄 그럼에도
쉿, 꽃은 피는 중
피안의 향기를 가진
풀의 피로 쓰는 편지

이상 기온 지구 온난화에도
쏟아지는 햇살이 좋아
동쪽 창가 등대고 앉은 삼월
열두 시 식당 대형 TV 뉴스는 종교처럼 엄숙하다
녹이 슨 시간에 미안해
별들은 모두 아프리카로 갔단다

여기서 해야 할 일
늘 서두르는 나를 붙잡고
조금은 천천히 가자 여유를 가지렴
애꿎은 하소연 끝내는 일
이제 새로운 탄생을 알리는 일
별을 보기 위해 날마다 일수 찍을 일

여전히 의심받는 신앙
부작용으로 퉁퉁 부은 계절
이젠 누구에게 기도해야 하나
앞으로도 뒤로도
자꾸만 헛발질하는 세상
마이너스는 처음이라

이 편지 닿을 곳 빨간 나무 우체통
쉿! 미래를 피우는 당신
세상은 그런대로 아름다우리
그대가 시인이라서

광안리는 11월쯤 가는 게 좋다

바다에 취해 드러누웠던 가을
해비늘 떨어트리며 천천히 걸어간다
모래사장 발자국마다엔
사랑에 빠진 연인들 입맞춤 고여
새로운 계절 꽃이 되려 하고
파도를 타고 온 머나먼 이국의 메시지
돌돌 말아 올리던 포말
마지막 귀소본능 새겨놓고
여린 숨 헐떡이는 11월의 흔적으로 남았다

지난여름 광풍 썰물처럼 지나간 자리
선량한 시민들 오늘도 여전히
이곳에서 행복해지는 꿈을 꾸겠지
하지만 사실은 안다
줌-인 하면 훤히 보이는 별리 두려워
애써 먼바다만 응시하고 있다는 것을

그래서 광안리는 11월쯤 가는 게 좋다

밤새 잠 못 들어 들썩이던 광안대교 새벽이 되어서
야 잠이 들었다

꿈꾸는 오래된 미래

여름 지나도 사람들은 점점 가까이 있는 걸 피하게 됐다
-가족끼리도 사랑하는 사이에서도 방해는 사절 프라이버시가 중요해
혼자만 있는 집, 혼자만 있는 방이 필요하단다

미래의 옛날 옛적 어느 날
비 내리고 바람 세차게 불더니 우울한 냉기 뒤덮인 세상
-원인
방에서 나오지 않는 남자와 방에서 나오지 않는 여자 서로 부딪혀야 발생하는 양극과 음극이 연출하는 자기장 절대 부족에서 온 현상
-결과
전기는 사라지고 연료도 동이 났다

햇살은 가늘기만 하고 그나마도 보이지 않는 날이 더 많다

전기 없는 혼자만 지내는 방 손에서 떨어지지 않던 스마트폰도 무용지물이다
　혼자만 사는 집은 추워서 견딜 수가 없다
　하나둘씩 방에서 나오더니 다시 하나둘씩 집에서 나와 어슬렁거린다
　처음엔 어색하게 서로 이야기를 나누다 몇몇이 모여 불을 피웠다
　따뜻함을 잊어버렸던 사람들 불 가까이 앉아 온기에 몸서리치며 마음을 녹인다
　좁은 방에 모여 밤을 지새우니 서로의 체온으로도 한결 포근했다
　이젠 혼자서 할 수 있는 게 별로 없음을 알게 되었다

　다시 마을이 만들어지고 마을 공동체에선 그나마 생명을 유지할 수 있었다
　손을 잡고 체온을 나누며 추위를 같이 이겨내기로 마음먹자 웃음도 자연스러워졌다
　손만 잡아도 주변이 따사롭더니 사랑하는 마음으

로는 봄을 만들었다
 두 사람이 만나 사랑을 하면 어느새 그 마을은 햇살로 가득해져서
 모두들 진심으로 박수를 치며 축하해준다
 그런 사람들이 많은 마을일수록 여기저기서 춤과 노래가 만들어진다
 이제 다시 세상은 계절이 만들어지고 꽃이 피고 열매가 맺었다
 혼자서 지내던 시간은 까마득해지고 누군가 다시 떠올려도 고개를 좌우로 흔든다

 그리고 다시 여름이 되었다
 -덥다덥다, 지금은 한여름이다

꿈꾸는 더 오래된 미래

혼밥 혼술 혼여행 혼인생 혼이 빛나는 시대
-혼자서는 할 수 없는 결혼율 출산율 연일 내리막
연애는 필수 결혼은 선택, 출산은 선다형 문제일 뿐

미래의 옛날 옛적 어느 날
마을마다 아이들 노는 소리 뚝 끊기고 한숨 실은 부모들 노모차만 덜컹거린다
 - 원인
풀옵션 시대를 살아온 젊은이들 더 많은 옵션을 위해 아이 낳는 걸 뒤로 미루거나 결국 포기
 - 결과
아이를 낳고 키우며 저절로 성숙해지는 지혜 대신 사리분별 고민은 인공지능 검색으로 해결

소나 염소는 새끼를 낳으면 뿔에 각륜을 만들어 자랑하고 한 해를 잘 버틴 나무들에게 나이테를 선사해 동반 성장을 표한다 태어나 자라고 결혼을 하고 부모

가 되는 과정에서 조금씩 철이 들어가는 인생 경험을 놓치게 되면서 가정과 마을에 진정한 어른은 이제 없다

그제서야 주위를 둘러보고 꿈꾸는 더 오래된 미래를 발견한다
날마다 웃음꽃이 피고 노후 걱정을 안 해도 되는 세상 아이를 많이 낳아 허리가 굵고 뱃살이 늘어난 여인의 당당한 아름다움은 부러움의 대상이다 그런 여인과 함께 사는 가족들은 무언가 넉넉하고 여유롭다 지극한 사랑과 헌신으로 살아온 부모에겐 정성을 다하는 효도로 빚을 갚고 자녀를 사랑으로 키우는 게 최고의 저축인 걸 알고 있는 젊은이들 풀옵션과 물질만능 대신 집안 가득 아이들 자라나는 소리로 채우는 오늘이 가장 살아있는 삶이다

아이를 낳자 세상 속으로 뿌리를 뻗는 듯한 환희
혹여 흔들릴 때도 생의 무게가 그리 나쁘지 않게

중심을 잡아준다는 걸 알았다
　아이와 발견의 순간들이 많아지면서 가슴 떨리는 기적 같은 일상 기다려지고
　둘러싼 세상 숨 쉬는 순간마다 생명의 외경을 경험하다 보니 저절로 겸손해진다
　마을에선 여기저기 아이들 노는 소리 꽃을 피우고 어른들 점점 영근 삶으로 묵직해진다
　아이가 없던 시절은 까마득해지고 누군가 다시 떠올려도 고개를 좌우로 흔든다

　그리고 다시 혼자가 되었다
　- 덥다덥다, 지금은 한여름이다

경력 단절

아이를 낳는 순간
덫에 걸렸다, 모성

아이와 함께하는 모든 순간
아이와 함께하지 못한 모든 순간
발목에 치렁치렁 쇠사슬
엄마라는 이름

그 덫에 걸리지 않기 위해
아이는 낳지 않고 경력을 키웠다
경력은 산처럼 쌓이고
세월은 물처럼 흘렀다

늦가을 아무도 찾아올 사람 없는
텅 빈 거실 우두커니 하루가 진다
현대 사회가 유혹한
진짜 경력단절이었다

눈부신 정오

유명식당 대기표 받고 기다리는 동안
청춘이 다 갔나 보다

먹고사는 일 이렇게 중요한 일이었나
되묻고 돌아보고

회한으로 주저앉은 자리
생명 우듬지 더듬이로 돋아

다시 불쑥 돋는 식욕
봄날 대기표 받았다

십이 번 손님 들어오세요
반가워 화들짝 손들었는데

하이얀 미음 한 그릇
저승길 안내하고 있더란다

진화형 그리움

앙칼진 바람
외투 주머니에 들어앉은 아침

저 언덕 너머 기다리고 섰던
슬픈 늑대의 역사, 페이지 사이로 나부끼며 달려온다
몽골의 광야를 누비던 배신당한 모래바람 휘모리로 장단 맞추고
사막을 건넌 이별 눈물조차 냉동 건조되고 있다

행여 오늘이면 꿈이 이루어질까
날마다 이 자리에 앉은 기다림도 퇴색하겠지
질주하는 자동차 사이 빈틈없이 후각 들이민다
익숙한, 가슴 아픈 그 향기를 찾기 위해
바람을 원망하는 한순간의 절실함 버티며
굶주려 쓰러지기 전까지 나는 여전히 꿈을 꾼다

얼마나 많은 시간 견디어야
나로 완전히 다시 태어날까

사람향기에 취하지 않고도 흠흠한 자태 나부끼며
그립다 짖지 않고 들판을 유영하는 들개의 모습을 찾아
나는 오늘도 진화한다, 그래야 한다
날마다 이 자리에서 기다리게 한 그를 위해서라도

구경하는 집

좋은 집에 살면
일상도 시가 된다지
뭐든지 돈으로 되는 그런 세상이라지
언젠가 지나치는 말로 들었던
농담 같은 한마디

행복은 꽃꽂이로 꽂아놓고
목청 가득한 소리는 뮤지컬로 바뀌고
화기애애 분위기는 거실 한복판 벽 그림으로 붙이고
길가 눈에 띄는 건물 큼지막하게 쓰여진
구경하는 집 '모델하우스'
그런 집을 찾아 오늘도 유랑하는 삶

넓은 평수 일류 인테리어 명품 아파트에 살면
일상도 시가 된다지
뭐든지 되는 이젠 그런 세상이라지
한번쯤 어떻게 살아야 잘 사는 건지
삶은 어떤 건지 생각하지 않아도 되는

지독하게 짧은 시

옛날 알프스 소녀 하이디를 좋아하던 여자아이 있었어 뜬금없는 한마디
장마철 울어대던 맹꽁이들 연못에 찰랑 던져진 돌덩이에 순간 멈춤처럼
머쓱한 표정으로 바라보는 시선들 대화는 거기서 끊겼다
물론 바로 전에 하던 대화가 무엇이었는지도 기억에 없다
그 순간 에메랄드빛 도마뱀이 떠올라 알프스 소녀가 보았다면 과연 어떻게 반응할까 생각했을 뿐인데… 하이디의 마법에 걸린 혼잣말 툭 튀어나왔다
그걸 어떻게 알아, 그걸 왜 우리한테 묻냐 탁자 위 타박타박 쏟아지는 눈빛 구르는 걸 보니
그제서야 꿈에서 깬 듯 배시시 어색하게 탁자 위 커피잔 들어 올린다

머그잔마다 가득한 진한 갈색 눈동자에서 이마 주름살 같은 연기 피어오른다

눈동자에 카페의 넓은 창, 구름 풍성한 하늘이 담겨도 안 보면 보이지 않는다
　대화는 유명 가수 콘서트 티켓팅 무용담 팬클럽 활동 깔깔대는 10대 소녀들처럼
　이 시대의 사회학 한 줄 새로 만들어가는 역군들 나이를 잊었다
　요즘도 일 다녀? 해야지 안 하면 어떡해 연금 없는 친구
　연금 받으면서 심심해서 또 일을 한다는 친구가 부럽다
　연금도 없고 일도 안 하는 간세다리 나를 바라보다가 주춤, 쟤는 시인이니까 애써 위로한다
　누가 누구를 위로해야 하나 지금 최고의 화양연화 즐기고 있는데
　세상엔 돈보다 더 아름다운 것들이 많다는 걸 알고 있는 시인이 되고 싶을 뿐
　옆에 앉은 친구 탁자에 올려놓은 손가락 많이 구부러져 있다 퇴행성관절염으로 고생한다더니 생각하

며 내 손을 보니 거의 벗겨져 나간 분홍 매니큐어 손톱 가운데 눈물방울같이 남았다

　이젠 말소리가 말로 들리지 않고 소리로만 들린다
　카페 앞 담팔수나무 대신 들어주느라 열심히 귀를 파닥인다
　너무 많아 결국 포기한 커피 머그잔 안에서 잠이 들 즈음 자리에서 일어서려는데
　알프스 소녀 하이디를 좋아하던 여자아이 바로 너지
　여름 하늘 낮게 다가온 구름 한 마디 꼬리에 달고 내려와 앉았다

묵은 연서를 다시
- 하논에서

오랜 시간 동안 써내려간
한 편의 울림 깊은
연서 펼쳐본 어느 가을 날

맨날 그리웠던 건 아니지만, 어느 순간
거울 속 낯익은 당신 모습
너홀너홀 춤추고 있었어

겉모습은 많이 변했다지만
아니 마음은 더 많이 굳어
애틋한 사랑의 기억은 아득하지만

내 안엔 아직도 그리운 당신이라
지층처럼 굽이굽이 말하고 싶은 건
어제가 아니라 내일
- 지금 당신 초라해서가 아니야

새로 다시 토해낸 시어 한마디

내 안을 휘감아 도는 그 이름
삶이 끝날 때까지 우린 함께하는 거야
내겐 여전히 소중한 그대

헤밍웨이에게 아침을

해장국에 풍덩 뛰어든 아침
뚝배기 위로 서리는 김
헤밍웨이 덥수룩한 턱수염 잔영으로
아직 헤엄치고 있다

세상은 아름답고 싸워볼 가치가 있다
- 어니스트 헤밍웨이(1899-1961)
우연히 본 헤밍웨이 인 하바나*
잠이 안 왔다

누군가의 생 들여다보는 일
또 하나 허무 무더기
땅켜로 차곡차곡 쌓는 일

들썩이는 자존 사이 잔뜩 끼어있는 공허
가득 찬 다이키리 한 잔
눈가 서늘한 생의 온도
헤밍웨이에게 이 진한 뚝배기 해장국 권하고 싶다

* 영화 제목(2015).

잘못된 예보

자기 걸음을 잊어버려
우두커니 선 채
전생 소환한 바람에게선
비릿한 불륜 냄새가 났다

속도는 어디까지가 제 것일까

제각각 보는 느낌마다 다른
자아를 잃어버린 미인도
위작의 유혹 꽁지 치켜올린다

폭설예보 중계방송으로 쏟아지는
맞지 않는 일기예보
외출했던 노파 늦은내 향불처럼 피워 올리며
일기예보용 슈퍼컴퓨터 부숴버리든지
옛날로 돌아가 다시 젊어지든지
허둥대는 한나절

빠르게 가는 것도
느리게 가는 것도
더구나 멈추어 있는 것도
계산기 숫자 하나면 다 해결된다고
성형외과 가득 찬 대기실
퇴보 예보만 꽃으로 피었다

내면 성형

갈비뼈 사이 쿡쿡 쑤시는 통증

해넘이 시간

오장육부 어느 한 곳 장미 수놓는

아픈 하루만큼 아름다워진단다

빈둥거리는 석양 아래 누우면

내년 봄쯤

숨 쉴 때마다 장미향 주단처럼 펼쳐지는

내면 미인 되려면

얼마나 더 많은 하루 견디어야 할까

나는 날마다 슬프다

눈물을 억지로 짜 넣으면
저절로 슬픔이 흐른다

인공 눈물도 눈물이다

눈물이 흐르면
그제서야 부스스 감정이 기지개를 켠다

이젠 느낌도 인공으로
만들 수 있는 세상이었다

그래서 나는
날마다 슬프다

제3부

망설이며
주춤하며
또 흔들리는

바위꽃

야금야금 내딛는 자리
당신과 함께일 수 있다면
뿌리 호흡도 없이 견딜 수 있어요

한여름 땡볕
세찬 폭풍우
당신 무관심처럼 내리누르지만

늦가을 어느 저녁
당신 가슴에 꽃으로 남고 싶은
징글징글한 육탄공세

미스김라일락 동쪽으로 간 까닭은

슬플 만큼의 밝기
반지르르 새벽달 뜰 때

나의 인생길
끝은 어디기에
이국만리 여기까지 오게 되었을까요

도봉산 털개화나무 맹아지
실개천 흐르는 곳곳마다
꽃잎으로 새겨놓은 비망록

합장한 소지(燒紙)
푸르른 허공 밝히며 사르는
동트기 전 가장 어두울 때

초록 몰고 오는 바람 속에서
진공에 이르는 설계도
봄꽃으로 피어났으리

미스김라일락이 피워내는 보라색
망설이며 주춤하며 또 흔들리는
빈 배

앰뷸런스

고통이 비명이 절규가
아침이 하루가 한 세상이
달려간다

그 뒤로

걱정이 슬픔이 저녁이
인연생기 우주 삼라만상이
달려오고 있다

물의 관념

어느 결에 스며든
그것은 침묵

눈에 보이는
기인 별리
흐느끼듯 잦아지다

오욕 칠정 일상 다반사
오체투지로 말끔하게 거르리
먼 훗날 기약하며
흐르는 잠적

당신 고결한 삶
물 같은

비양도

왕복 운임을 받는 비양도에서는
돌아오는 것에도 책임을 진다

왕복 운임을 내면 되는 비양도에서는
사랑하는 만큼 사랑받는 것에도 책임지겠지
살아온 만큼 살아갈 것에도
삶도 사랑도 온전할 수 있겠지

달 새벽까지 높이 떠 바다 지키고
바다 깊숙하게 내려앉아 달빛 물결치는
바라는 만큼 너그러울 수 있는 비결을 품고
비양도 밤새 두 손 모아 기도하고 있었다

어느 쪽으로 돌아누워도
바다 도사리고 있는 비양도
어느 쪽으로 돌아누워도 살아갈 수밖에 없는
머리맡에 달라붙어 잠 못 드는 섬 섬 섬

가지 하나가

봄바람에 꺾인
국화 가지 하나
석축 무심한 바위틈에 꽂았다

가을 하루
그 쪽 소란스럽다

하나였던 가지 청사초롱 줄줄이 출렁인다
바위들 가슴 무너지려 한다

늦가을, 한 시절 들썩인다

무화과

지난여름도 쉽지는 않았지요

봄부터 차오르던 진액
차곡차곡 쟁여
해와 달의 영역 녹이는
가슴 속 잉걸
허술한 줄기세포 속속들이
밀도로 채운 복식호흡
가을 하늘에 영그는
암호

익어야 꽃이 되는 설운 운명
머리에 이고 살아낸 여인
마침내 점지된 오늘
투둑
가슴을 열었습니다

다산초당

동백이 피었더냐

백련사 다산초당 사이
더운 숨결로 만든 오솔길

차잎 겨울을 견디는 사이
몇 번을 오가는 안부

동백이 피었더냐
......

무념무상의 시간
정석(丁石)을 새기다

동백은 아직이지만
다산초당 고독은 만개해 있다

여수기행

모퉁이를 돌면 불쑥
바다가 담겨 있다
빼꼼 내미는 한 움큼의 바다

칼날 같은 겨울 햇살
첫사랑 기억으로 번뜩이고
바다처럼 불쑥불쑥 나타나 휘청거리는
너 때문에
오후 내내 몸살 앓는데

어디에서나 한쪽 젖을 내밀어
칭얼대는 아이 달래는 어미처럼
바다는
제 한쪽 가슴을 덜렁 내밀며 속삭인다

이곳은
이곳에 오면
떠다 놓은 바다 속에서 온통

무장해제를 각오해야
자유로운 여행자가 될 수 있다고

서귀포에는 고운 사람들이 산다

서귀포의 정오
이중섭거리 걷고 있다
차려 입은 듯
그렇지 않은 듯
미사를 마친 성당 앞
둘 셋씩
손을 맞잡거나 팔짱을 끼고
조용조용한 걸음걸이
다 못한 기도로 새기는

겸손한 가을햇살
나비처럼 날아다닌다

바다는 여전이 평화롭다

가을, 물들이다

햇살
햇살로 또아리 틀고
또다시
햇살이 햇살 또아리 틀고

후두둑
빗방울에 담긴 지난여름
저마다의 기억만큼 매염제로 섞고

야금야금
햇살 핥은 바람 혓바닥
홍염살 빚어낼 전희로 궁굴려

절정 기다리는 중

어떤 생략

여기가 소악도예요
…

(그래서요?)

배는 떠났다

뒤돌아 서서 하는 말
여기가 소악도예요
하지 말고
내리세요~ 해주셔야죠!
……
(왜요? 그 말이 그 말인데)

안타까운 마음
징검다리로 떨구며
섬은 점점 멀어지고 있다

상사화

아무것도
떠올리지 말아주세요

굳이 생각 나거들랑
꽃 핀 그 자리
잠깐
머뭇거리는 걸음

천천히
천
천
히

뭐 어쨌든 찰라

나뭇잎 위로 햇빛 통통 튕겨요
천천히 다시 천천히 눈을 감았다 뜨는 사이 빛이
그 빛들이 모여들어 번쩍번쩍
부시게 뻗은 선을 만들어요

하얀 도화지에 빛을, 그 선을 그려요
다 그렸다고 고개 들어 바라보는 순간
햇빛 타고 놀던 선들은 어디론가 사라지고
나뭇잎엔 윤기만 남았어요

그림 속엔 아직도 선이 있네요
나뭇잎 위를 구르던 빛
그 빛 미끄러지던 길처럼 곧게 뻗은 선보다
진짜 선이라도 되는 것처럼 당당해요

중의적 표현에 허둥대던 하루가 져요

저녁노을은 또 왜 이리 고울까요

이 노을 역시 하루가 진다는 걸 잠시 잊게 하려고
아찔한 유혹을 펼치나 봐요 눈길 사로잡힌 사이
하루 어물쩍 사라지려고

이번엔 놓치지 말아야지 할 때 떠올랐어요
군데군데 흩뿌려진 마법 가루 같은
생각해보니 오늘 하루
수많은 찰나에 갇혀 보냈다는 걸

이 하루

아침은
가장 먼저 깨어난
바람을 타고 왔다

햇살이
꽃을
사랑을
내일을
섬섬 뜨개질 하고

나 그대 그리고
여린 초록 그물로
몰래
가두고 있다

제4부

얼마나
가슴 뜨거운
세상이었던가

누구나 그렇다

만년설 녹일 듯한 뜨거운 심장
한 번은 주체할 수 없는 사랑도 했을
살다가 주저앉아 눈물도 흘렸겠지

아무것도 모르고 시작했겠지만
한 번밖에 없는 생이란 건 알고
얼마나 가슴 치며 안타까워했을까

풋냄새 나는 세 살도 풋풋한 사춘기도 있다
쌀쌀한 3월 바람으로 가슴 식히던 이글거리는 청춘도
여전히 작은 몸뚱이 속에 꼭꼭 담겨 있다

지금은 도움 필요한 노인일 뿐이지만
누군가에겐 믿음직한 기둥이었고 하나의 세상이었던
무엇으로도 바꿀 수 없는 대체불가 소중한 존재였다

또 어미에게는
얼마나 가슴 뜨거운 세상이었던가

봄, 도발하다

산책길 입구 유채꽃 향기부터 야릇하기는 했다
꿀벌은 벌써부터 숙명을 머리에 이고 백팔배를 하고
양쪽 귀 웅웅거리며 날더니 붕 뜬 구름 위에 서다
발걸음마다 유영하는 봄날

문득 깨어보니
그렇게 이 봄 우발적으로 다가와 있었다.

'녹아내리는 봄기운에 달뜬 바람난 처녀 같은 기분이 이런 것일까요?
 가능하다면 햇볕 잘 드는 곳에 자리를 깔고 누워 해바라기를 하다…'

잠시 길가에 놓인 벤치는 나의 침실이 되고
굽이굽이 숨겨져 있던 수줍은 밀어, 문자 메시지
나비 되어 날려 보낸다

숨 쉴 때마다 부풀어 오르는 봄 몸살

흐느적거리는 어느 오후의 일간지 표제기사로 쓰여

나비, 날아가
봄을 도발하다

아니, 봄이 도발하게 하다

폼페이, 옹기종기

그날 나는 거기에 있었다
하늘은 맑고 뜨거웠다
하지만 말하지 않았다 폼페이 출신이라고
저주받은 도시, 그래서 오랜 시간 잠들어 있었다

아직도 온기 품고 있을 것 같은 화덕 앞
항아리 시간의 더께 쌓고 또 쌓으며
사연 많은 여인의 육자배기 튀어 나올 것 같은 벌린 입을 하고
삐뚜름한 채 덩그러니 드러누워 있다
버림받았다고 돌아앉아 오열하는 도시
군데군데 흩뿌려진 항아리들 발자국으로 남았다

어쩌자고 이 긴 세월 동안 그는 남아있을까
웅크려 앉은 사내 뒤로 바람이 분다

그는 검투사, 말을 타고 바다를 건너온 님프와 사랑을 했대

청둥오리와 수탉 와인의 맛을 바꾸는 데 사용되는
으깬 파바콩이 이를 증거한다고
폼페이 일상생활 고고학, 지질학, 화산학 그 외 많은 학문은
그저 요란한 프레스코화의 장식일 뿐
사랑은 어디서나 언제나 영원한 것이라고 흐느끼고 있었다

고스란히 박제된 비명들 허공 날아다니는
앞에 놓인 옹기마다 사연 모여 앉아
하루를 그저 살아갔을 뿐이라고
누구에게나 주어진 일상 충실하게 이어갔을 뿐이라고
먹고 사랑하고
기도는 숨 쉴 때마다 이루어지는 것

오늘 나는 여기에 있다
하늘은 맑고 뜨겁다
저주받은 도시, 조금씩 저주에서 풀려나고 있다

어미 말의 이력

달리는 트럭
우뚝 서 있는 말
앞으로 바짝 묶인 고삐
겨우 고개 왼쪽으로 틀고
더는 틀 수 없어 온몸 휘어지게 틀고
더운 눈빛 흘러내린다

흔들리는 트럭
이런 세상 처음이라
더 동그랗게 뜬 눈으로
어미 말 올려다보는
비틀거리며 울상인 아기 말

괜찮아
어미가 있으니 괜찮아
조금만 참으면 곧 좋아질 거야
예전에 엄마도 그랬으니까

다시, 제로(0)
- 추억 여행

울고 싶었다
기러기 떼 지어 나는
강화도 낙조 앞에서
갯벌 퍼질러 앉아 흐느끼고 있었다

잔잔한 바다 물결
나뭇가지에 걸린
윤슬 뒹구는 해넘이 무렵
떠날 수 있는 자 얼마나 행복할까

젊지도 늙지도 않은 나이
총총
오십 대 머리에 이고
주저앉은 상처들 사나흘 넋 놓고
하나하나 깨끗이 씻어내고 싶다

바람결 따라 흔들리는 은회색 머리카락
내 탓인 양 서러운 세월

마주치는 용서는 하늘로 띄우고
바라볼 수 있어 애정하다

이 시간 모두
zero, 제로
다시 시작이다

손가락 사랑

남자의 오그라진 가운뎃손가락 꾹꾹 눌러주는
더 휘어진 새끼손가락의 다른 손

남자는 무심하게 창밖 보고 있다
그 여자
그런 남자를 애잔하게 바라본다
사랑이 가득하다

'그동안 당신 참 고생 많았네유
내 눈엔 당신이 최고인 거 알지유?'

자그마한 키 검게 탄 얼굴의 남편
생머리 묶어 올린 주름 거친 아내
초로의 부부 나름 꾸며 입었지만
여전히 소박하다

제주행 비행기 내리려 기다리는 줄
남편 왼손 등받이 위 짚고 섰다

바로 옆 그 가운데 굽어진 손가락 눈에 밟혀
자신의 오른손으로 꼬옥 꼭 눌러주는
이보다 새끼손가락 더 굽은 아내의 손

두 손가락 꼼지락거리며
사랑을 속삭인다
세상의 어떤 사랑의 찬가보다 진하게 울려퍼진다
참 아름다운 사람들이다

은퇴한 휴일

의무처럼
즐거워야 할 무거운 자유
빨랫줄에 축 늘어진 휴일 한낮

어중간한 인생시계
돋보기도 멈칫거리고 있다

문득 한기로 다가오는
어디선가 울리는 알람

무엇을 하기 위한 설정일까
이 시간
시작 부산스러워진 가을

아차!
이제는 놓아야 할 때도
이렇게 알려주는 세상인지 모른다

예순의 봄

눈보라 속
앙상한 모란 가지
새순 빠꼼빠꼼 나왔다

저만치 봄 미리
울컥하다

나의 어느 가지
이 봄 새로 움이 틀까

움틀 게 있을까?
새로~움

묵호에서

7번 국도는 묵묵히 저마다의 등급으로 달리고 있다
 적당한 곳 바다를 가까이 마주할 수 있어
 인생에서 한번쯤 맞이하는 행운처럼 엉거주춤하는 사이
 바다 역시 어색한 미소 띠고 다가와 반기는 곳

 알게도 모르게도 한 번을 지나치지 않았을 이 동네
 숨소리 지척에서 들릴 듯 드러낸 삶의 밑바닥 한 순간
 차라리 죽는 게 간단하다 한 점 핏덩이 가슴에 안고
 나는 죽고 너는 살아야지 광풍에 떠밀려 생애 끝내는 마음으로
 가장 멀리 떠나온 곳이란다

 아무리 성스러워도 가끔은 뒤틀릴 삼십 대
 아무것도 말할 수 없어 보따리 하나로 꽁꽁 묶어 들고
 늙음 지나쳐도 죽지 못하게 남아있는 그 이름

이젠 잊어야지 잊어야 죽지 영영 죽어야 잊을

여인이라고도 할 수 없는 구부러진 팔순
겨우 붙어있는 목숨 희부연 시선으로 멀리 바다를 본다

어쩌면 저마다 사연을 담은 바닷가 모래알 중 하나겠지
궁금하지도 않을 한 여인의 푸석한 인생 이야기
묵호 바닷가 심드렁한 휴지조각처럼 나뒹굴고 있었다
바다만이 슬쩍슬쩍 위로하듯 어루만지는
이름도 얼굴도 모르는 하루가 지지 않는다

인간 극장
- 여든일곱의 청춘

'노 눈'
오일 시장 향기 가득한
거친 피부를 닮은 플라스틱 용기
퇴행성 관절염에 걸린 두 글자, 노눈
그녀는 잘도 읽는다, 로~션이라고

여든일곱 살
복사꽃 부끄러움 사붓사붓
이쁜 아내, 그녀는
한 번에 한 글자씩 알려주는 남편과
총기 하얗게 드러내며 인생에 화장을 한다

틀린 줄도 모르는
어쩌면 세상과는 다른 글자로 통하는
일곱 남매 가난과 키우느라 이제서야
한숨 돌려 마주보니 더없이 고운 사람이더란다

글도 배우고, 나들이도 가야지

구부러진 허리 곧추세우며 애써 노년을 과시한다
사랑이면 청춘이란다

엉거주춤 깍지 낀 손가락 사이 꽃계절 흐르고 있다

바람, 타는 우울

바람 부는 날
덩그러니 나앉은 빈 들판 같은 방
촛불을 켜다

파도처럼 일렁이는 바람 앞에서
우울은 고장난 바람개비처럼 휘둘리고
바람소리 흔들리는 풍경에도
홀로 고요히 촛불은 타오르고 있다

불꽃에 담긴 삼라만상 한갓 부질없어
가장 내밀한 곳 가장 깊숙한 그곳
사는 것이 곧 죽는 것인 기인 심지 끌어안고
황홀한 소멸 꿈꾸는 촛불을 두고

바람에 꺼지지 않으려는 몸부림일까
얼른 사그라들어 침묵으로 전시되고 싶은 걸까
어디까지가 바람이고 어디까지가 우울인지
갈팡질팡 비틀거리는 경계

유유히 삶을 다 불사르고 사그라질 때쯤
알면서 모르는 척 촛불 수더분한 위로 한마디
불꽃으로 피어나리 피어나리
우울 정산 끝내고 꽃이 되는 순간
바람, 여기 잠들다

달빛 때문에

애면글면
밤을 지새운
구르듯 휘어지는 황홀

휘영청 맑은 바람에
감싸듯 풀어헤치는 달빛

못내 잊혀지지 않아
눈 감아도 보이는 절창

감흥에 겨운
느긋한 기지개로 퍼담고

그래! 이 봄, 나도
떠나리
떠나야 하리

아직 뇌리에 남은

'너무나 아름다워 그 진가를 몰랐던 세상이여 안녕'*이라고 말하기 전에

* 손 톤 와일더의 희곡 '우리 읍내'의 한 구절.

가위눌리다

온몸으로
번뇌 분출하느라
공간조차 떨게 하던 단말마

팽팽한 무위
칼끝에 선 절정
한마디 외침 원시언어로 피어나다

푸후우~~
축 늘어진 긴장
다시 기지개 켜는 우주

빈집

나리꽃 혼자
기다림처럼 길게 뻗고
장마 구름 낮게 내려앉은
산마을

마을 어귀 논엔
백로 한 마리 어머니로 앉아
반기는 그곳

언제인가 돌아가
여생 널어놓으며 쉴
잡초 우거진 마당 깊숙이
숨겨놓은 빈집

처럼

일상은
눈이 오는 것처럼

죽음은
눈이 녹는 것처럼

그러나 사랑은
다음 날 황금햇살처럼

제5부

자기 몫의 삶
빗금치고 있는

미늘 1

바람을 향한
나의 노래는 한결같았다

일생 한 번만
휘둘리고 싶다

스치고 가면 스치고 가버리면
충분히 붉고 아프다, 내 안의 상처
옹이로 앉은 푸르딩딩한 고백

달콤한 사랑을 한다는 건
쓰디쓴 외로움을 견디는 일
그러다 그러다가 내가 죽을 일

생사를 건 이번만이야
꾸울꺽 삼켜버린 오늘
또 흔들리는

미늘 2

한 사람 이별할 때마다
아린 한구석 남아있어
백 천 날이 아픕니다

그럴 일 없어야지 다짐하지만
어디선가 언젠가
불쑥 또 튀어나와
그때 내가 왜 그랬을까
후루룩 올라오는 회한
밤하늘에 걸어놓고
아파서 삼키지 못하는 목울음

당신은 내게
또 어떤 미늘일까요

어머니는

머얼리
아들 사는 곳
눈 내린다는 아침

고개 쏙 빼고 돋보기 쓰고
인터넷 기상청 동네 예보
열심히 읽고 있다

출근길 얼지 않기를
영하 차가운 바람도 비켜가기를
더운 가슴 후후 불어넣고 있다

아버지는

사십 대 아들
경추 2~3번 사이
종양 떼내고 재활훈련 중

아버지 이제 걷게 되었습니다
걸려온 전화

이눔아
니가 몇 살인데 이제 걷기 타령이냐
타박타박 내뱉고

붉은 울음 한바탕
멀리 아들 사는 곳 석양으로 번지고 있다

어머니의 마당

디딤석 비좁은 사이
흙가루 부여잡은
실밥 같은 잔디 한 뿌리
오래전 생을 마감한 내 어머니 발자국으로
한숨한숨 끈질기게 자랐나 보다

금쪽같은 내 강아지들
세상에서 돌아와 안겼을 때
딱딱한 바닥에 마음 부딪혀 아파할까 봐 전전긍긍
지새운 불면의 깊이만큼
기도하듯 꼭꼭 눌러 땅바닥에 심었겠다

늘 억척이었다
손톱이 닳아 다듬을 필요조차 없이
너무 많은 시간을 써버린 탓에
앓아누울 새도 없이
훌쩍 떠나버린 어미가 남긴 건 텅 빈 이 마당뿐

그녀 떠나자 잔치는 끝났다
계절은 스치며 지나 하얗게 쌓인 기억조차 먼지처럼 흩날릴 때
지천으로 흐드러진 발자국 위로
꿈틀대는 그리움 시작은 있되
끝은 없는 역사처럼 또아리 틀며 쌓이고 있다

추신: 메마른 땅에 잔디를 심듯 살아온 당신의 인생
　　　이승에서 피지 못하고 간 꽃임에 분명하다
　　　어머니의 꽃, 잔디

달빛 위로

통창 하나 있는 작은 오두막
달빛 쏟아지는 새벽
문득 잠이 깨었다

어젯밤
지난했던 너의 어린 시절 이야기
같이 듣고 있었나 보다
웅크려 자는 침대 위
달빛 포근히 덮어주고 있다

이제라도
너는 충분히 행복해야 하리
행복해야 하리
은은한 달빛

가슴이 저려 더는
잠이 안 올 것 같다

수면 무호흡증

- 어느 날부터인가 숨을 멈추기 시작했다
늙어간다는 것으로만 치부했다 -

숨을 내쉬다 呼 숨을 들이쉬다 吸
호~ 내쉬는 게 먼저였다

먼저 나를 비워놓아야
세상이 내게로 들어와 새로 채울 것을
내쉬면 텅 비어버릴 것 같아
삶에 지친 그
숨마저 움켜잡고 있었다

무호흡 절체절명의 순간
우주의 모든 인연생기
허우적거리며 달려와
다시 푸우~
삶을 이완시키고 돌아가는 사이

아슬아슬한 불안
살갗 아래 지방층처럼 숨어있는
흔들리는 밤

그네를 탄다

선물

생일선물도
결혼기념일도
다
모른 척하던

비 올 때마다 젖는
올레길 운동화로
속상해 할 때도
못 들은 척하던

아무 날도 아닌 날
불쑥 내민
무뚝뚝한 고무장화
한 켤레

각륜(角輪)
- 생일 아침에

너를 낳은 그날 아침노을이 유난히 고와서
내 아이도 이렇게 곱겠구나
이마 질펀한 땀 쓸어내리며 동녘 햇살에 기원했었지

태어난 모든 생명엔
어미가 당연히 있어야 하기에
나도 누군가의 어미 된 것이 무거운 환희였구나

염소는 새끼를 낳으면
자신의 뿔에 줄 하나를 새긴다는데
내 몸 어디에 그런 줄 하나 새겨져 있을까

너를 낳은 이 아침도 흐르고 흘러
세상 어디에 새로운 줄 하나 생긴다면
나의 각륜 아름답게 자라고 있으리

너, 꿈꾸게 하는

어머니
꿈을 이루었어요

한 쪽은 묵직하게 앉아 삶의 중심을 잡아주는 산
다른 쪽은 밤마다 영롱한 집어등 불빛으로 잠을 잊
게 하는 바다
부대끼지 않고 호롯이 동동 떠있는 산중턱
지금 멀리 자동차 지나는 시골길
누운 채로 하늘을 실컷 안을 수 있는 작은 오두막
지구 한 모퉁이에서 빛나는 나의 우주랍니다

그래도 어머니 꿈은 이루지 못했지요
부유한 주택가 동향 대문 남향의 번듯한 집
식모 들여 손에 물 안 묻히고 편히 살기 바라셨던
그런 꿈은 제 꿈이 아니었지만
지금 어머니가 가졌던 꿈의 나이에서 보니
세상의 어머니들 중 한 분, 나의 어머니
어머니가 된 저도 다시 꿈이 생겼어요!

하지만 제 딸은 또 다른 꿈을 꾸겠지요
어머니 딸처럼 제 딸도 꿈을 이룰 겁니다

당신이 들어주지 않으면

핀란드 숲 호숫가
갈피갈피 얼어붙은 초록의 짙은 고요
하얀 눈 쌓였다

겨울 숲은 너무 외로워
살아갈 힘이 필요할 때
가끔씩 전나무 가지들 우지끈 존재증명
뚜욱 뚝, 뚜우우욱 침묵이 무너진다

나무 꺾이는 소리
그곳엔 그런 말이 없다
누군가 들어주었을 때만
말이 되고 의미가 된다

사랑한다 사랑한다 아무리 외쳐도
당신이 들어주지 않으면
동토의 나무 꺾이는 소리처럼
허공에 보이는 그저 가느다란 빗금일 뿐

파랑새

푸르러
푸르러러
가을 하늘 튕기는 빨랫줄
거기 매달려 눈물 흘리던 어제의
슬픈 하현달

푸르르
푸르르르
푸른 배경 잔뜩 머금은 오늘
자기 몫의 삶 빗금치고 있는
한 마리 새

가을 편지
- 딸에게

마흔다섯 엄마의 헐벗은 가을
낙엽 다 진 가지 끝에 매달려
눈물 짓고 있었다

너는 열여섯 꿈꾸는 나이
가을이 힘들지
위로의 말 건네기엔 아직
너무 어린 딸

그만큼의 시간 낙엽으로 소복이 쌓여있는
다시 그 자리, 텅 빈 만추의 벤치엔
숙녀가 된 소녀 뽀얗게 웃고 있다

이 가을 너를 낳은,
너는 그때 엄마의 가을을 만나고 있구나
서른 살 딸과 서른 살에 딸을 낳은 엄마

이 가을엔

모든 가을마다 저 가지 끝에 달렸던

우리의 사랑으로

힘차게 살아가자 응원한다

백일홍 연가
- 울음 터진 날

올해는
이른 봄부터
나를 울게 만들 작정이었다

멀리서만 바라보던 너를
심상치 않던 지난 계절
슬금슬금 내 곁으로 다가와

뿌리 내리고 싹이 트더니
드디어 드디어
꽃망울 약속의 시간이다

울지 않으리라 다짐했는데
오늘이 그날임을 알려주는 듯
온통 흐드러지게 만발한 너를 보면서

울음은 터지지 않았다
결코 울지 않았는데

눈물은 흐르고 있었다

울어도 된다면,
퍼질러 앉아 울어도 된다면
이 계절 끝까지
백일은 울어야 속이 풀릴

눈보라 몰아치던 시절 지나
마음 놓고 울 수 있는 오늘
그저 합장으로 맞이하는
꽃 꽃 꽃

은은

하늘은
조각구름 선명하게 푸르고
나무는
가벼운 바람 웃으며 맞이하고
나는
삼각체 모양으로 앉아 깊은 호흡

저기 수건 삶는 냄새
참 좋다

작가노트

이 시집은
나에게 주는
선물이다.

2009년 여름 끝자락

　담양 명옥헌 원림에 흐드러지게 핀 배롱나무, 목백일홍이라고도 부르는 꽃.
　그렇게 무리 지어 흐드러지게 피어있는 꽃을 보자 울컥 눈물이 쏟아지려 했다.
　배롱나무는 백일을 이렇게 꽃으로 피어 웃는다지만 그 염천의 한가운데서 저 혼자 좋아서 웃고 있는 배롱나무가 세상이 되어 나를 약올리는 것 같았다.
　세상은 이렇게 아름다운데 나 혼자 힘든 삶을 살아내고 있는 것 같아 스스로를 위로하고 싶은 생각에 시를 한 편 지었었다. 울어도 그냥은 아니고 백일을 울고 싶었다. 백일은 울어야 속이 풀릴 것 같았다.
('백일홍 연가-울음 터질 날', 『나의 동굴에 반가사유상 하나 놓고 싶다』)

2014년 여름

5년 전 다짐.

저 백일홍 꽃이 만발한 모습을 보며 울음 삼키던 날,

그날 나는 저 백일홍 꽃이 만발한 어느 날, 나도 저렇게 웃을 수 있을 거라고 그렇게 되는 날까지 나는 울지 않을 거라고 스스로에게 다짐을 받았다.

그래서 텅 빈 친정집 마당 한구석에 배롱나무 한 그루 구해다 심었다.

처음엔 어려서 그랬는지, 자리를 잘못 잡았는지 잘 자라지도 못하고 꽃도 그리 활짝 피우지 못했다.

2019년 봄

다시 그렇게 5년이 지났다.

친정집 배롱나무를 새로 집을 짓고 이사한 유수암 집 마당으로 옮기기로 했다.

남편과 아들이 힘을 모아 겨우 뽑아냈고 뿌리를 많이 다친 상태로 앞마당에 심었다.

뿌리가 자리를 잘 잡았는지 여름 내내 제법 몸피도 불었다.

2019년 초가을

그리고 오늘이 되었다. 마당에 백일홍 꽃이 유난히 붉다. 가슴이 더워져 왔다.

얼마나 유난을 피웠으면 조금 늦게 일어난 남편마저 "백일홍 꽃 참 잘 피었네." 한마디 한다. 이 사람은 저 꽃에 내가 어떤 의미를 두고 지켜보는지 모르면서 하는 말이지만 그 말조차 허투루 들리지 않는다. 오늘은 그냥 아침이 아니다.

울음이 웃음이 되어야 하는 숙명을 타고난 우리 집 배롱나무, 그 사명을 완수하는 날이다.

'백일홍 연가' - 울음 터진 날이 완성되었다.

2022년 여름

자발적 은퇴.

여기저기서 은퇴하는 친구들이 생기기 시작했다.

제도권 안에 직장을 가지고 있는 이들은 원하든 원하지 않든 은퇴 형식으로 일을 그만두게 된다. 그럴 나이가 된 것이다.

이때다 싶어 나도 덩달아 '자발적 은퇴'를 했다. 주변 지인들은 아직은 빠르다고, 아니, 할 일이 있는데 일부러 그만두는 건 성급하다는 조언들을 해준다. 고마운 마음이다. 하지만 이렇게라도 해야 일에서 손을 뗄 수 있을 터이고 그래야 내가 정말 해보고 싶은 일을 할 수 있을 것 같았다. (물론 30년 동안 해오던 내 일도 무척 사랑한다.)

그즈음에 존경하는 시인의 북토크에 참여했는데 군복무 시절 시집 한 권을 뜯어 내의에 한 장 한 장 붙여 화장실 등에서 몰래 읽으며 시를 공부했다는 말을 듣게 된다. 충격이었다.

문학을 한다면서, 시를 쓴다면서 언제 한번 이렇게 치열하게 공부하며 시를 쓴 적이 있었던가 스스로를

책망하는 기회가 되었다.

  정말 해보고 싶은 일이 생긴 것이다. 바쁘다는 핑계로 뒤로만 미루면 더는 안 될 것 같았다. 아직 에너지가 있을 때 정말로 치열하게 글을 써보고 싶었다. 일평생 꿈꿔오던 일이 시를 잘 쓰는 일인데 그냥 잘 써지기만을 바랐던 나였다. 딱 3년만 시를 열심히 공부해보자 다짐했다.

2025년 다시 여름

6월 30일이 되면 딱 3년이 된다.

마음먹은 것처럼 치열하게 시를 공부했느냐고 질문하면 망설여지겠지만 그사이 두 권째 시집을 내게 되었다. 이로써 감사하다. 그렇게 3년을 살아봤으니 툭툭 털고 다시 새로운 일상을 경험할 차례다. 벌써 여러 가지 꿈을 꾸고 있다. 랄랄라.

이 강물 끝에서
만나자 하였네

2025년 7월 31일 초판 1쇄 발행

지은이	이명혜
펴낸이	김영훈
편집	김지희
디자인	부건영
편집부	이은아, 김영훈
펴낸곳	한그루
	제주특별자치도 제주시 복지로1길 21
	전화 064-723-7580　전송 064-753-7580
	전자우편 onetreebook@daum.net　누리방 onetreebook.com

ISBN 979-11-6867-228-4 (03810)

ⓒ 이명혜, 2025

저작권법에 따라 보호를 받는 저작물입니다. 어떤 형태로든 저자 허락과 출판사 동의 없이
무단 전재와 복제를 금합니다. 잘못된 책은 구입하신 곳에서 교환해 드립니다.
이 책은 제주특별자치도와 제주문화예술재단의
2025년 제주문화예술재단 지원사업 후원을 받아 발간되었습니다.

값 10,000원